AUGEN-BLICKE MIT
ANGELA MERKEL

Nahaufnahmen aus 20 Jahren
von Ausnahme-Fotografin
Laurence Chaperon

Mit einem persönlichen Vorwort
von Präsident **Emmanuel Macron**

»ANGELA MERKEL IST EIN BEISPIEL DAFÜR, WIE MAN MACHT UND MENSCHLICHKEIT VERBINDEN KANN.«

Emmanuel Macron

VORWORT

Während ihres gesamten politischen Lebens hat Angela Merkel dazu beigetragen, ein neues Kapitel der deutschen Geschichte zu schreiben. Aber auch auf internationaler Ebene spielte sie eine bedeutende Rolle. Wir werden Angela Merkel vermissen.

Europa wird sie als eine Politikerin vermissen, die stets den Kompromiss sucht und Menschen zusammenführt. Frankreich jedoch wird sie als wahre Freundin vermissen. Wir werden den Weg, den sie in offener, ehrgeiziger und selbstloser Weise eingeschlagen hat, weitergehen. Ihr Engagement lehrt uns, wie wir große Schwierigkeiten überwinden und der Zukunft unseres Kontinents mit ebenso viel Anspruch wie Zuversicht entgegenblicken können. Ihr Beispiel ist für uns zugleich Inspiration wie auch Verpflichtung.

Vier Jahre lang haben wir beide Seite an Seite gearbeitet, um die Beziehungen zwischen unseren beiden Ländern zu stärken, aber auch im Dienste eines starken und geeinten Europas. Ich habe gesehen, mit welcher Hartnäckigkeit sie sich dafür eingesetzt hat, den Deutschen ein Land zu hinterlassen, das fest in der Europäischen Union verankert ist, ein Land, das sich bewusst ist, welche Verantwortung es in Europa trägt und welche Bereicherung die EU darstellt.

Ihre Karriere ist von großer Entschlossenheit und Gelassenheit geprägt. Angela Merkel ist ein Beispiel dafür, wie man Macht und Menschlichkeit verbinden kann. Es gilt aber, sich diese Frau genauer anzusehen: Und genau das hat Laurence Chaperon getan. Sie hat Angela Merkel seit 1999 begleitet und gehört seit 2005 zu den exklusiven Fotografen der Bundeskanzlerin.

Laurence Chaperon war überall dabei und hat sie in all ihren Facetten festgehalten: bei großen Staatsempfängen und privaten Essen. Sie hat sie allein auf dem Felsen ihres Ostseestrandes fotografiert, aber auch vor Tausenden von Zuschauern. Dieses Buch sieht Angela Merkel also mit den Augen einer Französin, die von der deutschen politischen Klasse angenommen wurde, und umfasst eine reiche und unveröffentlichte Sammlung von Fotografien der Bundeskanzlerin.

Der Erfolg dieser großen Staatsfrau beruht letztendlich auf ihrer Authentizität und ihrer Beziehung zu ihren Mitmenschen. Und genau das wird in den Fotos von Laurence Chaperon sichtbar. Denn Chaperons Blickwinkel folgen dem Leitsatz: »Ich fotografiere Menschen, keine Politiker.« Die Bilder von Laurence Chaperon sind zu einem Symbol des politischen Lebens in Deutschland geworden. Wer sie betrachtet, wird feststellen, dass sich hinter den Abbildungen immer das verbirgt, was Angela Merkel auszeichnet – ihre Sachlichkeit, ihr unermüdliches Streben nach Harmonie und ihre Liebe zur Freiheit.

Angela Merkel scheidet aus dem Amt aus, aber sie bleibt in den Köpfen und Herzen der Europäer, denen sie ein wertvolles Erbe hinterlässt: das Streben nach einem solidarischen Europa und die Stärke der deutsch-französischen Freundschaft.

Emmanuel Macron,
französischer Staatspräsident

»**IM HERBST 1989 BEGANN MEIN WEG ALS POLITIKERIN.** Ich wollte in einer der neuen Parteien mitmachen. Menschlich, atmosphärisch und natürlich auch programmatisch gefiel mir der Demokratische Aufbruch am besten. Er wollte eine möglichst schnelle Wiederherstellung der Deutschen Einheit – das war auch mir sehr wichtig. (…)

So machte der 18. März 1990 den Willen der Mehrheit der Bürgerinnen und Bürger unmissverständlich klar: Wir waren aus freiem Willen und mit deutlicher Mehrheit zur Wiedervereinigung Deutschlands in Frieden und Freiheit entschlossen. Die wesentlichen Gründe dafür waren ebenso einfach wie überzeugend: Zum einen war es die Grundordnung der Bundesrepublik Deutschland, die die Freiheit, die Demokratie und die Menschenwürde des Einzelnen in den Mittelpunkt stellt, und zum anderen das Modell der Sozialen Marktwirtschaft, das ungleich effizienter und erfolgreicher als die Zentrale Planwirtschaft der DDR war. (…)

Unsere Demokratie lebt ganz wesentlich von der Bereitschaft der Bürgerinnen und Bürger, Verantwortung für unser Gemeinwesen zu übernehmen. Nur eine Gesellschaft, in der viele und nicht nur Einzelne Verantwortung übernehmen, kann auf Dauer eine freie, eine menschliche Gesellschaft sein, die auch berechtigte Anliegen von Minderheiten berücksichtigen kann. 1989 wollten und konnten sich in der DDR immer mehr Menschen nicht mehr damit abfinden, was ihnen ihr Staat vorgab und ihnen tagein, tagaus zumutete. Sie wurden von duldenden Menschen zu aktiven Bürgerinnen und Bürgern. Die Erinnerung an diese Selbst-Demokratisierung kann uns auch heute eine große Ermutigung sein. Denn Demokratie lebt von Bürgerinnen und Bürgern, die sich zu ihr bekennen, die die Meinungen anderer gelten lassen, die die verschiedenen Interessen im Sinne des Gemeinwohls friedlich zum Ausgleich bringen – und die all das tun, weil sie bereit und fähig zum Kompromiss sind, weil sie Freiheit immer mit Verantwortung zusammendenken. Es ist diese Bereitschaft und Fähigkeit zum Kompromiss, die eine, wenn nicht die zentrale staatspolitische Lehre aus der Geschichte des 20. Jahrhunderts ist. Denn sie macht es möglich, die Welt immer auch mit den Augen des anderen zu sehen, also die Würde des einzelnen Menschen in den Mittelpunkt zu stellen oder sie wie in unserem wunderbaren Grundgesetz ganz an den Anfang als Artikel 1 zu setzen, der alles staatliche Handeln leitet. Möge dies unserem Land auch in Zukunft beschieden sein.«

Rede von Bundeskanzlerin
Dr. Angela Merkel am 16. Juni 2021 zum
31. Jahrestag der ersten freien Volkskammerwahl

28. März 2000
Dierhagen an der Ostsee

7. Mai 2002
Binz auf der Insel Rügen

4. Dezember 2012
Angela Merkel wird auf dem
25. CDU-Parteitag in Hannover erneut
zur Parteivorsitzenden gewählt

10. April 2000
Wahl zur neuen Parteivorsitzenden auf
dem 13. CDU-Parteitag in Essen

20. Oktober 2001
An der Klagemauer in Jerusalem

»DEUTSCHLAND STEHT ZU ISRAEL IN EINER GANZ BESONDEREN VERANTWORTUNG.

Wir haben in diesem Jahr den 40. Jahrestag der Aufnahme deutsch-israelischer Beziehungen begangen. Für die neue Bundesregierung möchte ich deshalb bei dieser Gelegenheit das Existenzrecht Israels und das Recht seiner Bürgerinnen und Bürger, in sicheren Grenzen frei von Terror, Angst und Gewalt zu leben, ausdrücklich bekräftigen. Ebenso bekräftigen möchte ich allerdings das Recht des palästinensischen Volkes auf einen eigenen Staat, der Seite an Seite mit Israel in Sicherheit und anerkannten Grenzen lebt. Das wäre auch ein klares Signal gegen Terrorismus.«

Regierungserklärung vor dem Deutschen Bundestag am 30. November 2005 in Berlin

Oben:
28. Oktober 2001
Treffen mit Shimon Peres in Tel Aviv

Mitte:
29. Oktober 2001
An der Grenze zum Gazastreifen

Unten:
Jassir Arafat überreicht
ihr einen Umhang

Oben:
25. April 2001
Mit Außenminister Colin
L. Powell in Washington

Unten:
25. April 2001
Zu Besuch bei Vizepräsident
Richard Cheney im
Weißen Haus

22. Juli 2002
Die Parteivorsitzende
der CDU auf Sommertour

8. Februar 2002
Am Roten Platz in Moskau

»Wir brauchen deshalb unsere Partnerschaften in der Welt dringender denn je. Ich möchte hier beispielhaft die Partnerschaft zwischen Deutschland und Russland als eine strategische Partnerschaft nennen. Russland ist ein wichtiger Wirtschaftspartner. Aber Russland ist genauso ein Verbündeter im Kampf gegen den internationalen Terrorismus und natürlich als Land für die politische Stabilität Europas unverzichtbar.

WIR HABEN EIN GANZ BESONDERES INTERESSE DARAN, DASS DER MODERNISIERUNGSPROZESS IN RUSSLAND GELINGT.«

Regierungserklärung vor dem Deutschen
Bundestag am 30. November 2005 in Berlin

»Die Uhr zurückdrehen geht nicht. Ein Zurück zur ›guten alten Zeit‹ ist unmöglich. Der Einfluss der Weltwirtschaft und der globale Wettbewerb, die technologische Revolution hin zur Informations- und Wissensgesellschaft, die demographische Entwicklung mit ihren bereits heute für die nächsten vierzig Jahre weitgehend feststehenden Auswirkungen – sie spiegeln geschichtliche Abläufe wider, die weder rückgängig gemacht noch ignoriert werden können. Sie sind unumkehrbar.

Die Wahrheit ist schonungslos und deshalb kann sie gar nicht oft genug beim Namen genannt werden: Deutschland steht am Scheideweg. Die Alternative steht fest, liebe Freunde:

ENTWEDER VOM WANDEL ÜBERROLLT WERDEN, ODER DEN WANDEL GESTALTEN.

Das ist die entscheidende Frage.«

Rede auf dem Leipziger Parteitag
der CDU am 1. Dezember 2003

17. Juni 2002
15. CDU-Parteitag in Frankfurt am Main

7. Mai 2002
Binz auf Rügen

30. Oktober 2002
Im Reichstag, mit der
Kuppel im Hintergrund

Mit Ehemann Joachim Sauer in ihrer Lieblingskneipe
in der Lilli-Henoch-Straße in Berlin, in der sie
1989 die Nacht des Mauerfalls verbracht hatte

»DIE FRAUENFUSSBALL-NATIONALMANNSCHAFT IST JA SCHON FUSSBALLWELTMEISTER, UND ICH SEHE KEINEN GRUND, WARUM MÄNNER NICHT DAS GLEICHE LEISTEN KÖNNEN WIE FRAUEN.«

Zur anstehenden Fußballweltmeisterschaft in Deutschland 2006, Neujahrsansprache, 31. Dezember 2005

4. November 2003
Fraktionssitzung der CDU/CSU im Reichstag – im Hintergrund ihre engen Beraterinnen und leitenden Mitarbeiterinnen im Kanzleramt Eva Christiansen (links) und Beate Baumann

»Auf dem Balkan, in Afghanistan und an vielen anderen Orten tragen deutsche Soldaten, Polizisten, Diplomaten und Entwicklungshelfer unter erheblichen Gefahren zu Frieden und Stabilität bei.

WAS DAS IM ÄUSSERSTEN FALL BEDEUTEN KANN, DAS HABEN WIR GERADE WIEDER IN AFGHANISTAN SCHMERZLICH ERLEBEN MÜSSEN.

Deshalb möchte ich all denen, die Deutschland im Ausland vertreten, einen ganz besonderen Dank sagen und eine ganz besondere Anerkennung für ihren mutigen Einsatz aussprechen. Sie sind in verschiedenen Funktionen wichtige Botschafter unseres Landes.«

Regierungserklärung vor dem Deutschen Bundestag am 30. November 2005 in Berlin

15. Juli 2005
Besuch bei den deutschen
KFOR-Soldaten im Kosovo

15. Juli 2005
Besuch bei den deutschen KFOR-Soldaten
im Kosovo im Feldlager in Prizren

Rechts:
15. August 2005
Großkundgebung der CDU/CSU-
Kanzlerkandidatin Angela Merkel in
Wittenberg, Sachsen-Anhalt

24. August 2004
Angela Merkel in Borkum bei einer
Fahrt mit der Dampfeisenbahn

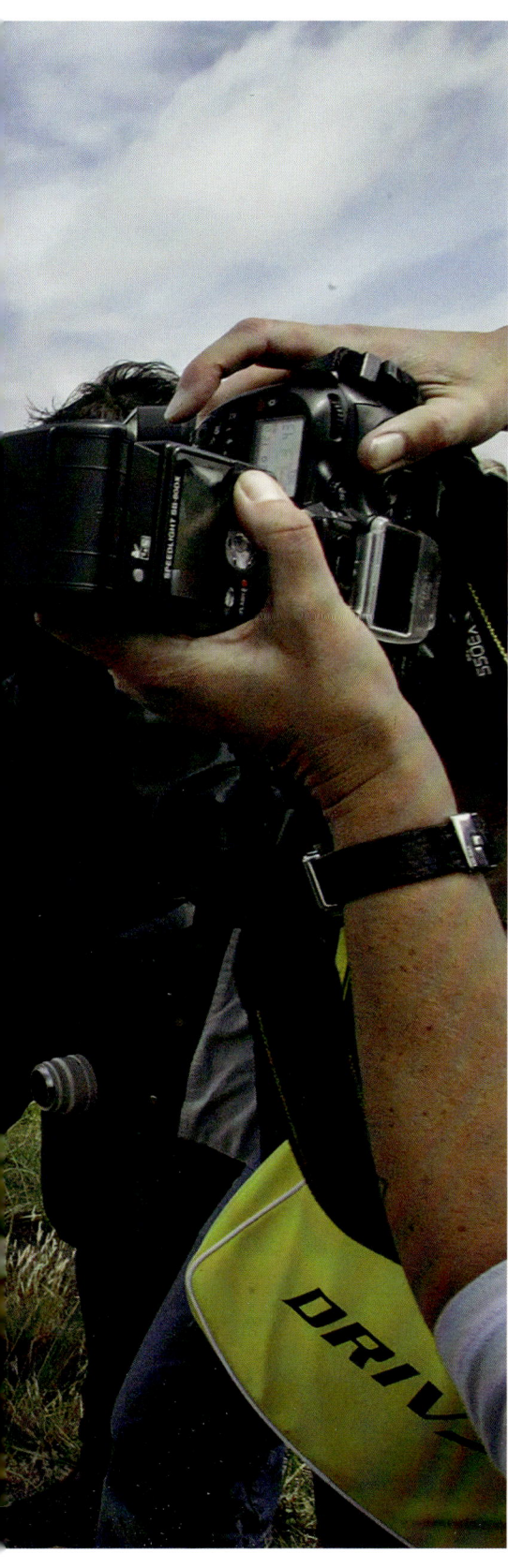

24. August 2004
Insel Borkum

»VOR LAUTER GLOBALISIERUNG UND **COMPUTERISIERUNG** DÜRFEN DIE SCHÖNEN **DINGE DES LEBENS** WIE KARTOFFELN ODER **EINTOPF KOCHEN** NICHT ZU KURZ KOMMEN.«

Auf dem Hessentag in Heppenheim
am 23. Juni 2004

18. August 2005
Wahlkampfveranstaltung in
Büsum an der Nordsee

30. August 2005
Werksbesichtigung der
Georgsmarienhütte
in Niedersachsen

29. August 2005
Am Platz vor der Lorenzkirche in Nürnberg

»ICH WILL DEUTSCHLAND DIENEN.«

Aus der Rede bei der Nominierung zur Kanzlerkandidatin
am 22. Mai 2005 im Konrad-Adenauer-Haus

2. September 2005
Als Fraktionsvorsitzende in ihrem Büro
im Jakob-Kaiser-Haus in Berlin

16. Juni 2005
Mit Helmut Kohl

16. Juni 2005
60 Jahre CDU.
Berliner Ensemble

16. September 2005
Abschluss des Wahlkampfs der
CDU im Tempodrom in Berlin

18. September 2005
Wahlnacht, kurz vor der Prognose:
Angela Merkel mit ihrem
Ehemann Joachim Sauer und
Edmund Stoiber in ihrem Büro
im Konrad-Adenauer-Haus

18. September 2005
Wahlnacht. 18.00 Uhr. Erste Prognose.
Sitzungsaal im Konrad-Adenauer-Haus,
Bundesgeschäftsstelle der CDU

»LASSEN SIE UNS MEHR FREIHEIT WAGEN!

Lassen Sie uns die Wachstumsbremsen lösen! Lassen Sie uns uns selbst befreien von Bürokratie und altbackenen Verordnungen! Viele unserer europäischen Nachbarn zeigen uns doch, was möglich ist. Deutschland kann das, was andere können, auch; davon bin ich zutiefst überzeugt.

Wir sind ein tolerantes, wir sind ein weltoffenes Land. Deutschland ist zugleich ein Land, das seine Traditionen und seine Kultur pflegt. Das eine kann es ohne das andere nicht geben; denn Heimat gibt gerade in Zeiten des sehr schnellen Wandels, in denen wir leben, den Halt, den die Menschen brauchen, jedem Einzelnen und unserem Land als Ganzem. Deshalb haben wir nicht ohne Grund unserem Koalitionsvertrag den Titel ›Gemeinsam für Deutschland‹ gegeben. Parallelgesellschaften, in denen die grundlegenden Werte des Zusammenlebens in unserem Land nicht geachtet werden, passen nicht in dieses Denken.

Deshalb ist Integration eine Schlüsselaufgabe unserer Zeit.«

Regierungserklärung vor dem Deutschen
Bundestag am 30. November 2005 in Berlin

22. November 2005
Wahl zur Bundeskanzlerin im Bundestag

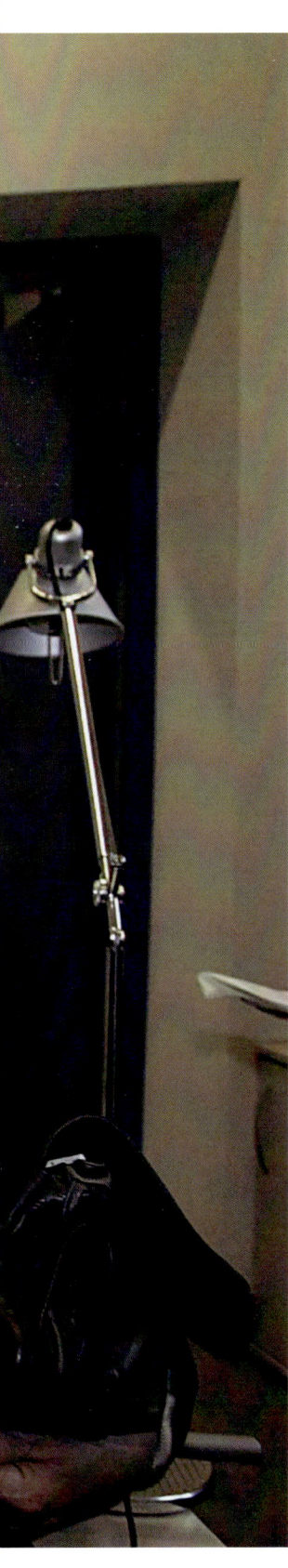

22. November 2005
Nach ihrer Wahl zur Bundeskanzlerin trifft Angela Merkel ihre Familie im
ehemaligen Büro von Gerhard Schröder. Hier mit Vater und Mutter

27. Juli 2006
Im Garten des Kanzleramts

»Erstens gehören die Vielfalt der Länder und Regionen, die landsmannschaftliche Verbundenheit der Menschen und die bewusste Absage an einen allzuständigen Zentralstaat elementar zu dem, was Deutschland stark und liebenswert macht.

DEUTSCHLAND WÄRE NICHT DEUTSCHLAND OHNE SEINE LÄNDER.

1946 warb die SED mit dem Wahlslogan ›Einheit bedeutet Aufstieg, Föderalismus bedeutet Niedergang‹. Für mich ist mit dem Scheitern dieses verheerenden Politikansatzes auch ganz persönlich klar: Ohne Vielfalt gibt es kein lebenswertes Deutschland. Die neue Bundesregierung wird alles tun, damit der historisch gewachsene Charakter unseres Landes lebendig erhalten bleibt. Wir wollen starke Länder und Kommunen mit eigenen Entscheidungsräumen und stabilen finanziellen Verhältnissen.

Zweitens werden Institutionen und Traditionen im 21. Jahrhundert nicht unwichtiger. Im Gegenteil, sie werden immer unverzichtbarer. Sie bilden das notwendige Gegengewicht, um den rasanten Wandel in allen Lebensbereichen und das Bedürfnis nach Stabilität in einer Balance zu halten.«

Rede vor dem Bundesrat
am 21. Dezember 2005

22. November 2005
Erste Kabinettssitzung

Links:
23. November 2005
Erste Reise der Bundeskanzlerin nach
Paris und Brüssel mit Außenminister
Frank-Walter Steinmeier

Rechts:
23. November 2005
Treffen mit dem französischen
Staatspräsidenten Jacques Chirac

23. November 2005
Ankunft in Paris

16. November 2006
Abflug nach Moskau vom militärischen
Teil des Flughafens Tegel

Links:
16. Januar 2006
Besuch in der Russischen Föderation.
In Moskau mit Wladimir Putin

Rechts:
16. Januar 2006
In Moskau mit Persönlichkeiten des
gesellschaftlichen, politischen und
wirtschaftlichen Lebens Russlands

30. Januar 2006
In der Holocaust-Gedenkstätte
Yad Vashem in Israel

30. Januar 2006
Museum Yad Vashem

71

26. Oktober 2006
Am Tisch des Sitzungssaals des
Kabinetts im Kanzleramt

15. Juli 2006
Weltwirtschaftsgipfel in Sankt Petersburg

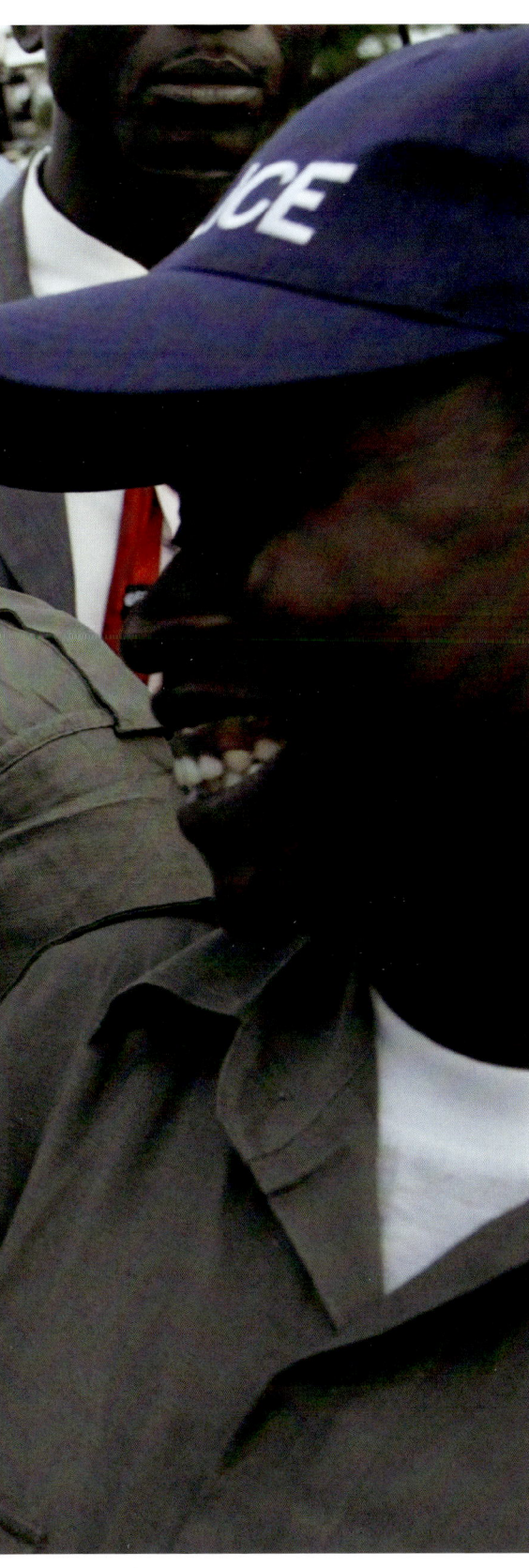

7. Oktober 2007
Besuch der Nationalen Polizeiakademie
in Monrovia in Liberia, Westafrika

7. Oktober 2007
Am Cape Point der Kap Halbinsel in Südafrika

15. Mai 2007
Erster Besuch des gerade gewählten
französischen Staatspräsidenten
Nicolas Sarkozy in Berlin

10. Juni 2008
Besuch des US-Präsidenten George W. Bush,
Schloss Meseberg nördlich von Berlin

»WIR FÜHLEN UNS IM BLICK AUF DIE TRANSATLANTISCHE PARTNERSCHAFT DEN GLEICHEN WERTEN VERPFLICHTET

– das ist viel in dieser Welt –: Frieden und Freiheit, Demokratie und Rechtsstaatlichkeit, Gerechtigkeit und Toleranz. Anders gesagt: Wir haben das gleiche Verständnis von der Würde des Menschen. Das schweißt uns zusammen und bildet auch das Fundament.«

Regierungserklärung vor dem Deutschen
Bundestag am 30. November 2005 in Berlin

12. August 2009
Mit einem Porträt von Konrad
Adenauer im Hintergrund

»ALS AMERIKANER, DEUTSCHE UND EUROPÄER SIND WIR VERBÜNDETE IN DER NATO.

Wir sind Partner im globalen Handel. Wir teilen gemeinsame Werte und Interessen. Keine zwei Regionen auf der Welt sind durch eine solche Tiefe und Breite gemeinsamer Interessen und Werte verbunden wie Europa und Nordamerika.«

Rede anlässlich der Auszeichnung mit der Ehrendoktorwürde der Johns Hopkins University am 15. Juli 2021

Tiergarten, Berlin

22. Februar 2009
Mit Beate Baumann in Dierhagen

22. Februar 2009
Dierhagen, Ostsee

Kanzleramt Berlin

4. März 2009
Morgenlage im Bundeskanzleramt

17. Februar 2009
In ihrem Büro im Kanzleramt

»Uns fallen diese Entscheidungen nicht leicht. Wir machen das alles nicht einfach, um einzelnen Finanzinstituten zu helfen. Wir machen das zum Schutz unserer Wirtschaft und zum Schutz der Bürgerinnen und Bürger unseres Landes. Das Finanzsystem hat eine unabdingbare Scharnierfunktion für das Funktionieren der gesamten Volkswirtschaft und damit für Wachstum und Beschäftigung.

DIE BÜRGER UND UNTERNEHMEN UNSERES LANDES VERLASSEN SICH AUF EIN INTAKTES FINANZSYSTEM,

das den Zugang zu Krediten gewährleistet und es den Bürgern ermöglicht, sicher und mit Gewinn zu sparen. Dem Schutz dieses Systems dient unser Gesetzentwurf. Mehr noch: Er dient der Allgemeinheit, er dient dem Gemeinwohl.«

Aus der Regierungserklärung
vom 15. Oktober 2008

21. Februar 2009
Angela Merkel wartet
auf einen Staatsgast im
Foyer des Kanzleramts

31. Januar 2009
Staatsbesuch im Kanzleramt

14. September 2009
Vor dem Schreibtisch von Konrad Adenauer

»Vielleicht leidet Europa auch daran, dass wir, die wir Europa wollen, zu selten sagen, worauf wir stolz sein können. Vielleicht leidet Europa auch daran, dass wir es zu lange als selbstverständlich genommen haben, dass wir es zu sehr den Gegnern überlassen haben, über Europa zu sprechen, anstatt dass wir, die wir von Europa überzeugt sind, es zum Kern der politischen Diskussion machen. Das beinhaltet natürlich auch Kritik oder Ungeduld, die Europa genauso braucht wie Fantasie und Gemeinsinn. Deswegen lassen Sie mich hier auch ganz persönlich sagen:

ALS DEUTSCHE, ALS JEMAND, DIE DIE ERSTEN 35 LEBENSJAHRE IN DER DDR GELEBT HAT, ERFÜLLT MICH EUROPA MIT SEINEM DEMOKRATISCHEN VERSPRECHEN VON FREIHEIT UND GLEICHHEIT UNVERÄNDERT MIT GROSSER DANKBARKEIT UND MIT DER VERPFLICHTUNG, MICH MIT GANZER KRAFT FÜR DIESES EUROPÄISCHE VERSPRECHEN EINZUSETZEN;

denn Europa wird nicht das Europa sein, das wir wollen, wenn wir es passiv und bequem hinnehmen. Europa wird nur wachsen und gedeihen, wenn wir unsere ganze Kraft darauf richten, wenn wir Ehrgeiz dafür entwickeln, was aus Europa noch werden kann. Wir übernehmen diese Verantwortung.«

Aus der Regierungserklärung vom 19. Juni 2020

4. Mai 2010
Berlin, Alexanderplatz: Besuch der Open-Air-Ausstellung »Friedliche Revolution 1989/90« der Robert-Havemann-Gesellschaft

14. November 2010
CDU-Parteitag in Karlsruhe,
mit (von links) Jürgen
Rüttgers, Annette Schavan,
Hermann Gröhe, Klaus
Schüler und Roland Koch

Links:
5. Oktober 2011
CDU-Veranstaltung im
niedersächsischen Oldenburg

Rechts:
22. März 2010
Bundesausschuss in Berlin, mit
Lothar und Thomas de Maizière

»UNSER ANSPRUCH HEISST: WIR WOLLEN VOLKSPARTEI BLEIBEN, AUCH IM 21. JAHRHUNDERT. WIR WOLLEN DIE GROSSE VOLKSPARTEI DER MITTE SEIN.«

Am Wahlabend des 27. September 2009 in einer Rede an die CDU

26. Oktober 2011
Kabinettssitzung im Kanzleramt,
mit Wolfgang Schäuble

22. Oktober 2013
Im Bundestag

22. September 2013
Angela Merkel feiert ihren Wahlerfolg im Konrad-
Adenauer-Haus, hier mit Ursula von der Leyen,
Armin Laschet und Hermann Gröhe

28. Juni 2011
60. Geburtstag im Konrad-Adenauer-Haus. Mit Freundin
Annette Schavan und Ehemann Joachim Sauer

»ICH HABE GELERNT, DASS AUCH FÜR SCHWIERIGE FRAGEN ANTWORTEN GEFUNDEN WERDEN KÖNNEN,

wenn wir die Welt immer auch mit den Augen des anderen sehen. Wenn wir Respekt vor der Geschichte, der Tradition, der Religion und der Identität anderer haben. Wenn wir fest zu unseren unveräußerlichen Werten stehen und genau danach handeln. Und wenn wir bei allem Entscheidungsdruck nicht immer unseren ersten Impulsen folgen, sondern zwischendurch einen Moment innehalten, schweigen, nachdenken, Pause machen.

Freilich, dafür braucht es durchaus Mut. Vor allem braucht es Wahrhaftigkeit gegenüber anderen und – vielleicht am wichtigsten – gegenüber uns selbst. (...)

Dazu gehört, dass wir Lügen nicht Wahrheiten nennen und Wahrheiten nicht Lügen. Es gehört dazu, dass wir Missstände nicht als unsere Normalität akzeptieren.

Was aber, liebe Absolventinnen und Absolventen, könnte Sie, was könnte uns daran hindern? Wieder sind es Mauern: Mauern in den Köpfen – aus Ignoranz und Engstirnigkeit. Sie verlaufen zwischen Mitgliedern einer Familie ebenso wie zwischen gesellschaftlichen Gruppen, Hautfarben, Völkern, Religionen. Ich wünsche mir, dass wir diese Mauern einreißen – Mauern, die uns immer wieder daran hindern, uns über die Welt zu verständigen, in der wir ja gemeinsam leben wollen.

Ob es gelingt, liegt an uns.«

Aus der Rede bei der 368. Graduationsfeier der Harvard University am 30. Mai 2019 in Cambridge/USA

Links:
3. September 2016
Bad Doberan, Mecklenburg-Vorpommern

Rechts:
4. Juli 2015
Offene Tür bei der CDU im
Konrad-Adenauer-Haus

»Ich sage ganz einfach: Deutschland ist ein starkes Land. Das Motiv, mit dem wir an diese Dinge herangehen, muss sein: Wir haben so vieles geschafft – wir schaffen das!

WIR SCHAFFEN DAS,

und dort, wo uns etwas im Wege steht, muss es überwunden werden, muss daran gearbeitet werden. Der Bund wird alles in seiner Macht Stehende tun – zusammen mit den Ländern, zusammen mit den Kommunen –, um genau das durchzusetzen.«

Aus der Bundespressekonferenz vom 31. August 2015

15. August 2016

23. September 2017
Stralsund an der Ostsee

»Es steht völlig außer Frage, dass die historische Prägung unseres Landes christlich und jüdisch ist. Doch so richtig das ist, so richtig ist es auch, dass mit den 4,5 Millionen bei uns lebenden Muslimen ihre Religion, der Islam, inzwischen ein Teil Deutschlands geworden ist. Ich weiß, dass viele ein Problem damit haben, diesen Gedanken anzunehmen. Das ist ihr gutes Recht. Doch als Bundesregierung haben wir eine übergeordnete Aufgabe, eine ganz bestimmte Verantwortung, nämlich die, alle Diskussionen so zu führen, dass am Ende durch konkrete Politik, durch konkrete Entscheidungen der Zusammenhalt in unserem Land größer und nicht kleiner wird, also der **ZUSAMMENHALT ALLER, DIE DAUERHAFT IN DEUTSCHLAND LEBEN, OB MIT ODER OHNE MIGRATIONSHINTERGRUND.«**

Aus der Regierungserklärung vom 21. März 2018

Oben:
14. Juli 2017
Heiligenhafen,
Schleswig-Holstein

Unten:
5. Mai 2017
Eckernförde,
Schleswig-Holstein

28. Mai 2017
Wahlkampf in München

Links:
10. Mai 2017
Wahlkampf in Haltern am
See, Nordrhein-Westfalen

Rechts:
14. Juli 2017
In ihrem Arbeitszimmer
im Kanzleramt

17. September 2017
Wahlkampf in Berlin

10. September 2017

»UNSERE INDIVIDUELLEN **FREIHEITEN** SIND NICHT SELBSTVERSTÄNDLICH, **DEMOKRATIE** IST NICHT SELBSTVERSTÄNDLICH, **FRIEDEN NICHT UND WOHLSTAND AUCH NICHT.«**

Aus der Rede bei der 368. Graduationsfeier der Harvard University am 30. Mai 2019 in Cambridge/USA

»ANGELA MERKEL SCHEIDET AUS DEM AMT AUS, ABER SIE BLEIBT IN DEN KÖPFEN UND HERZEN DER EUROPÄER, DENEN SIE EIN WERTVOLLES ERBE HINTERLÄSST: DAS STREBEN NACH EINEM SOLIDARISCHEN EUROPA UND DIE STÄRKE DER DEUTSCH-FRANZÖSISCHEN FREUNDSCHAFT.«

Emmanuel Macron

15. Mai 2017
Treffen der Bundeskanzlerin mit dem französischen Staatspräsidenten Emmanuel Macron im Kanzleramt

Links:
3. September 2017
Ankunft der Bundeskanzlerin.
TV-Duell gegen Martin Schulz

Rechts:
14. März 2018
Angela Merkel wird zum vierten
Mal zur Kanzlerin gewählt.
Bundestag, Berlin

ANGELA MERKEL, ERSTE BUNDESKANZLERIN DER
BUNDESREPUBLIK DEUTSCHLAND, 2005 BIS 2021

BIOGRAFIE

Laurence Chaperon, **am 8. September 1961** in Paris geboren und heute als »Auge der Berliner Republik« international renommierte Fotografin, hatte zunächst ganz anderes als den Berliner Spitzentanz im Sinn. Nach der Ausbildung zur Balletttänzerin in Paris tanzte sie von **1981 bis 1991** an der Oper Bonn. Von **1992 bis 1994** studierte sie Fotografie bei Educatel und schloss gleichzeitig ihre Ausbildung in einer Bonner Bildagentur ab.

Seit 1994 arbeitet Chaperon als freie Fotografin, zunächst in Bonn und seit 1999 in Berlin.

ALS *DIE* BERLINER PORTRÄT-FOTOGRAFIN WURDE SIE 2006 MIT DEN ERSTEN OFFIZIELLEN FOTOS VON BUNDESKANZLERIN ANGELA MERKEL BEAUFTRAGT.

Aber auch die anderen Parteien setzen sich bei ihr in Szene, so fotografierte sie – unter vielen anderen – immer wieder die Motive der Wahlplakate für die Spitzenkandidaten der Grünen, begleitet die Europakampagne der FDP und ist immer wieder in unterschiedlichen Bundesländern bei Wahlkampagnen beauftragt. 2021 setzte Armin Laschet im Schlussspurt des Wahlkampfs auf ihre Foto-Inszenierung.

Zu ihren Kunden gehören deutsche und internationale Magazine, PR- und Werbeagenturen sowie Unternehmen. So führte sie als Fotografin 2020 die weltweite Kampagne für den Pariser Modekonzern Balenciaga.

ZU IHREM PORTFOLIO ZÄHLEN ZAHLREICHE BÜCHER:

Erinnerung. Porträtprojekt im Auftrag und in Zusammenarbeit mit dem Zentrum für Qualität in der Pflege (ZQP), Berlin, 2016. Mit vielen Beiträgen renommierter Persönlichkeiten (Frank-Walter Steinmeier, Wolfgang Schäuble, Johanna Wanka, Ursula von der Leyen, Claudia Roth u. v. a. m.) zum Thema »Die Bedeutung der Erinnerung«.

Thomas de Maizière im Gespräch mit Stefan Braun – *Damit der Staat den Menschen dient: Über Macht und Regieren.* Siedler Verlag, 2013, Titelbild.

Angela Merkel – Dialog über Deutschlands Zukunft. Murmann Verlag, 2012, Titelbild.

Wir – Die CDU/CSU-Bundestagsfraktion. Konzept und Fotografien von Laurence Chaperon. Grafische Gestaltung und Layout von Martin Oloff, Dezember 2011.

Angela Merkel – Das Porträt von Sebastian von Bassewitz (Hrsg.). Mit über 100 Aufnahmen von Laurence Chaperon, Droemer, Mai 2009.

Zeit für Zeit. Ein Bildband von Laurence Chaperon mit Texten namhafter Politiker zu ihren Gedanken über die Frage: Was bedeutet Zeit für mich? Aqua Verlag, Oktober 2006. Eigenes Konzept und Idee.

Wolfgang Schäuble. Die Biographie von Ulrich Reitz. Mit farbigen Fotografien von Laurence Chaperon. Bastei Lübbe Verlag, 1996.

AUSSTELLUNGEN:

2008 in der Sparkasse Berlin, Dependance Gendarmenmarkt. Eröffnung durch den CDU-Fraktionsvorsitzenden Volker Kauder. Mit der Frau des damaligen Bundespräsidenten, Eva Köhler, der ehemaligen Bildungsministerin Annette Schavan, Christina Rau u. v. a. m.

2009 in der Akademie Franz Hitze Haus in Münster: »Die Menschliche Seite der Photographie«

2016 im Gesundheitsministerium zum Thema »Erinnerung«

2017 beim Verband Kommunaler Unternehmen in Berlin, »Oberfläche & Poesie«

www.chaperonphotographie.de

INTERVIEW MIT LAURENCE CHAPERON

Wie kommt eine erfolgreiche Primaballerina darauf, Fotografin werden zu wollen?

Ich habe immer viel fotografiert, schon mit 14 Jahren habe ich meine erste Kamera gekauft. Balletttänzerin bin ich erst spät geworden. Ich war schon fast 18, als mich der ehemalige Ballettdirektor in Paris entdeckte.

Ich habe für beides eine Leidenschaft und ich glaube, dass man Talent braucht, beim Ballett genauso wie auch in der Fotografie, ohne Begabung wird es nicht klappen. Vor allem aber führt der Weg zum Erfolg über sehr viel Arbeit und Disziplin, die habe ich beim Ballett gelernt, das hat mich geprägt. Ich wusste immer, dass ich Fotografin werden will, wenn ich als Tänzerin aufhöre. Dass dieser Plan dann so schön aufging, das ist die Verbindung von Glück und Zufall.

Was war dein erstes richtig gutes Foto?

Ich habe ein Porträt gemacht von meinem kleinen Bruder, in diesem Porträt hat alles gestimmt. Er ist inzwischen leider verstorben, und umso dankbarer bin ich für dieses Bild.

Wie alt warst du da?

Da war ich 14 Jahre alt. Und es ist ein sehr wichtiges Foto für mich.

Und dann hast du Jahre später mit einer Mappe deiner Fotos unterm Arm bei denen, die es wissen sollten, gefragt, habe ich Talent? Und die haben es gleich entdeckt und dich ermutigt?

Ja, sie haben gesagt, ich habe den Blick dafür, auch wenn es noch technische Fehler gab. Ich habe dann in Bonn die Ausbildung gemacht. Damals hat das Arbeitsamt die Umschulung bezahlt, und die erste Sachbearbeiterin hat entschieden, dass ich Sekretärin werde sollte und nicht Fotografin, obwohl ich den Vertrag für die Ausbildung bei der Agentur schon hatte. Das war schlimm für mich, aber dann bekam ich zum Glück eine andere Sachbearbeiterin zugewiesen – und die hat zugestimmt. So konnte ich mit der Ausbildung starten. Manchmal denke ich: Hat die erste Sachbearbeiterin vielleicht später einmal ein Foto von mir gesehen? Und was hat sie dann wohl gedacht?!

Und warum bist du dann in Deutschland geblieben?

Tja, wie das so ist bei uns Franzosen (lacht).
Der Liebe wegen, ich hatte damals meinen Ex-Mann kennengelernt.

Normalerweise geht die Geschichte ja andersrum – der Liebe wegen nach Paris ... Also, die Leidenschaft zur Fotografie und der Erfolg in deiner Arbeit in Deutschland ist geblieben. Und du hast trotzdem immer noch auch den Blick auf Deutschland als Französin. Wie siehst du Deutschland, was hat sich in diesen gut zwei Jahrzehnten, die du hier lebst, geändert?

Eigentlich habe ich mir die Frage, was in Deutschland anders als in Frankreich ist, nie gestellt. Oberflächlich betrachtet sind Franzosen extrovertierter, sie umarmen sich mehr, im Moment wegen der Pandemie nicht, aber es wird wieder kommen. Doch das ist in Deutschland ja auch anders geworden, da waren Deutsche früher zurückhaltender, aber hier wie da geht es um die beste Ausdrucksform für Kommunikation.

So wie du es beschreibst, werden die Deutschen französischer?

Ja, es hat sich angeglichen. Und im Grunde genommen liegt das Sich-umarmen-Wollen doch im Charakter der Menschen.

Bonn war damals Bundeshauptstadt – trotzdem ist man nicht automatisch im Politikbetrieb. Wie kam es dazu?

Der Chef meiner Fotoagentur hatte die Kontakte und ich bin da so reingerutscht.

Und so kommen wir zu Angela Merkel, ich denke, man kann sie dein Lebenssujet nennen?

Fakt ist, ich habe sie über 20 Jahre begleitet. Lebenssujet? Für mich als Fotografin und für meine eigenen Gefühle bedeutet die Zeit an ihrer Seite sehr viel, alles andere wäre merkwürdig.

Kannst du dich an das erste Mal erinnern, als ihr euch begegnet seid?

Ehrlich gesagt, nein. Man weiß in dem Moment nicht, welche Reise man miteinander gehen wird. Das ist Glück, oder Zufall.

Andere nennen Zufall Schicksalslinien.

Ja, so gesehen war das auf jeden Fall eine schicksalhafte Begegnung.
Also für mich auf jeden Fall :-).

Was hat sich für dich mit dem Blick als Fotografin auf das Motiv Angela Merkel im Laufe der Jahre am meisten verändert?

Als Fotografin bin ich die Beobachterin, die mit Bildern die Fakten wiedergibt.
Über die Jahre habe keine Veränderung bei Frau Merkel gesehen, was ihren grundlegenden Charakter betrifft. Das finde ich schön. Zuerst hat mich immer der Mensch interessiert, im Zusammenhang und mit Respekt vor dem Amt, aber für mich kam immer erst der Mensch.

Als Bürger wünscht man sich immer am allermeisten Authentizität bei den Politikern, und das hast du eben in Worte gekleidet, was Authentizität ist. Aber trotzdem gibt es ja, muss es ja geben, die offizielle Frau Merkel und ein privates Gesicht, oder würdest du es gar nicht so unterscheiden?

Ich als Fotografin unterscheide das nicht, ich finde man sieht das bei den Bildern, das liegt in der Natur der Sache, der Situation und was wofür gemacht ist.

Siehst du, mit deiner Sensibilität als Fotografin, in ihrem Gesicht Spuren der Macht?

Also das liegt in der Natur, die Entwicklung mit der Zeit. Es gibt eine Veränderung, weil wir alle älter werden, weil das Amt und die Verantwortung nicht spurlos vorübergehen.

Ist es, wo du sie nun näher kennst, schwieriger oder leichter, sie zu fotografieren?

Ich bin jedes Mal, wenn ich überhaupt jemanden fotografieren darf, an dem Menschen interessiert. Ich stelle mir nicht die Frage, ist es schwer, weder vorher noch nachher.
Wenn du jemanden 20 Jahre begleiten darfst, wird es offener, denke ich. Egal wie die Situation war, locker oder angespannt, ich als Fotografin habe mich mit Frau Merkel immer gut gefühlt. Ich habe mich bei ihr wie zu Hause gefühlt.

Kannst du dir vorstellen, Frau Merkel in einem großen Rosenfeld oder einem Blumenfeld zu fotografieren?

Fotografisch gesehen, nein, das ist mir zu kitschig, obwohl sie sehr gerne Blumen mag, glaube ich :-).

Wie würdest du deinen Stil beschreiben?

Relativ schlicht, auf das Wesentliche reduziert.

Gibt es für dich in diesem Buch das *eine* Bild, wo du sagst: Hier ist eigentlich ganz viel drinnen von dem, wie ich Angela Merkel in diesen 20 Jahren gesehen und begleitet habe, in diesem Foto verdichtet sich mein Blick auf sie?

Für mich geht es meistens um Emotionen und ästhetische Umsetzung – ein bisschen wie im Ballett! Ich arbeite so, dass am Ende der Reportage die Emotion im Foto ästhetisch rüberkommt. Und ich glaube, dass das Bild am Strand, auf dem Stein, das ich 2002 gemacht habe, in diesem Sinne sehr viel Symbolik hat. Dieser Stein auf dem Foto vermittelt Sicherheit, das Licht und der richtige Ausdruck in Frau Merkels Gesicht unterstreichen, wie ihre Kraft in der Ruhe der Gelassenheit liegt. Deshalb haben wir es für den Umschlag des Buchs gewählt.

Ist dieses Buch für dich so etwas wie ein vorläufiges Vermächtnis?

Die fotografische Begleitung von Frau Merkel ist für mich eine unvergessliche Zeit. Ich habe so viel erlebt und dabei so viele Momente, die in die Geschichte eingehen werden. Frau Merkel ist eine Ikone. Und obwohl ich auch so viel anders mache und weiter machen werde, wird diese Zeit immer einen besonderen Platz in meinen Erinnerungen haben.

Und möchtest du Angela Merkel weiterhin fotografisch begleiten?

(Lacht): Ich bin ein treuer Mensch …
Ja, das wäre wunderbar.

Ein Gespräch mit Christiane Goetz-Weimer

Fotograf: Ole Sauer

BIBLIOGRAFISCHE INFORMATION DER DEUTSCHEN NATIONALBIBLIOTHEK
Die Deutsche Nationalbibliothek verzeichnet diese Publikation in der Deutschen National-
bibliografie. Detaillierte bibliografische Daten sind im Internet über http://dnb.d-nb.de
abrufbar.

FÜR FRAGEN UND ANREGUNGEN
info@finanzbuchverlag.de

WICHTIGER HINWEIS
Ausschließlich zum Zweck der besseren Lesbarkeit wurde auf eine genderspezifische Schreib-
weise sowie eine Mehrfachbezeichnung verzichtet. Alle personenbezogenen Bezeichnungen
sind somit geschlechtsneutral zu verstehen.

Originalausgabe | 1. Auflage 2021
© 2021 by CH. GOETZ VERLAG
und FinanzBuch Verlag, ein Imprint der Münchner Verlagsgruppe GmbH
Türkenstraße 89 | 80799 München
Tel.: 089 651285-0 | Fax: 089 652096

Alle Rechte, insbesondere das Recht der Vervielfältigung und Verbreitung sowie der Über-
setzung, vorbehalten. Kein Teil des Werkes darf in irgendeiner Form (durch Fotokopie, Mikro-
film oder ein anderes Verfahren) ohne schriftliche Genehmigung des Verlages reproduziert
oder unter Verwendung elektronischer Systeme gespeichert, verarbeitet, vervielfältigt oder
verbreitet werden.

Fotografin: Laurence Chaperon
Projektleitung: Isabella Steidl, Georg Hodolitsch
Redaktion: Rainer Weber
Umschlaggestaltung, Layout und Satz: Isabella Dorsch, Marc-Torben Fischer
Umschlagabbildung: Laurence Chaperon
Druck: Longo AG, Italien
Printed in the EU

ISBN Print 978-3-95972-538-5

Weitere Informationen zum Verlag finden Sie unter
WWW.FINANZBUCHVERLAG.DE
Beachten Sie auch unsere weiteren Verlage unter www.m-vg.de